Inhalt

Nun bin ich in der 2. Klasse

1 Was gibt es Neues im Sachunterricht? Blättere im Heft.
Was interessiert dich am meisten? Schreibe oder male es auf.

2 Diese Tipps können das Lernen erleichtern.

Schaue und höre genau zu.
Probiere auch selbst etwas aus,
zum Beispiel ein Experiment.
Rede mit anderen und frage nach.

Wiederhole öfter, was du
dir merken willst.
Lies dazu in Sachbüchern.

Sei nicht traurig, wenn du
einen Fehler machst. Aus
Fehlern kannst du lernen.

Erfahren, dass Neugier und Interesse zum Lernen motivieren, dass jeder auf seine Weise lernt,
um Sachverhalte und Zusammenhänge selbstständig und gemeinsam mit anderen zu verstehen;
Lerntipps lesen, selbst einen Tipp geben und sich dazu verständigen; *wahlweise:* eine Lerntippliste anlegen

S. 11

Umweltfreunde 2

Wegweiser

Arbeitstechniken für den Sachunterricht

- Eine Person befragen
- Einen Zeitstrahl gestalten
- Ein Herbar anlegen
- Beobachten und dokumentieren
- Eine Tabelle anlegen
- Eine Erklärung finden
- Vergleichen
- Eine Pflanze bestimmen
- Einen Steckbrief erstellen
- Einen Notizzettel schreiben
- Messen
- Ein Experiment durchführen
- Ein Protokoll schreiben
- Eine Wegeskizze anfertigen
- Zusammenhänge herstellen

VOLK UND WISSEN

Eine Person befragen

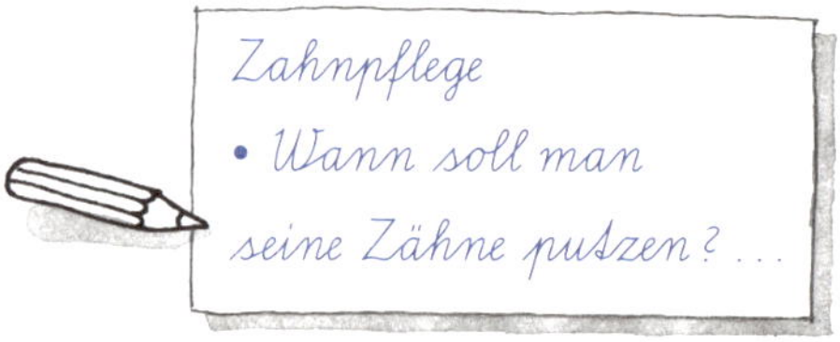

Ich überlege Fragen zum Thema.
Ich schreibe sie auf.

Ich sage, wozu ich die Antworten brauche. Ich frage, ob ich mir etwas aufschreiben darf.

Ich stelle meine Fragen und höre immer gut zu.

Ich schreibe Stichpunkte zu den Antworten auf.

Ich bedanke mich für das Gespräch.

Fragen vorbereiten und einer Person stellen, über sie selbst oder über ein Thema: einem Zahnarzt über Zahnpflege; einem Feuerwehrmann über seine Arbeit, einem Gärtner ...

Einen Zeitstrahl gestalten

Ich bin 10 Jahre alt.

- Ich zeichne einen Pfeil. Dann teile ich ihn mit dem Lineal gleichmäßig in Abschnitte ein: für jedes Lebensjahr einen.
- Ich klebe dazu Bilder ein, male und schreibe.

Meine Lebensjahre

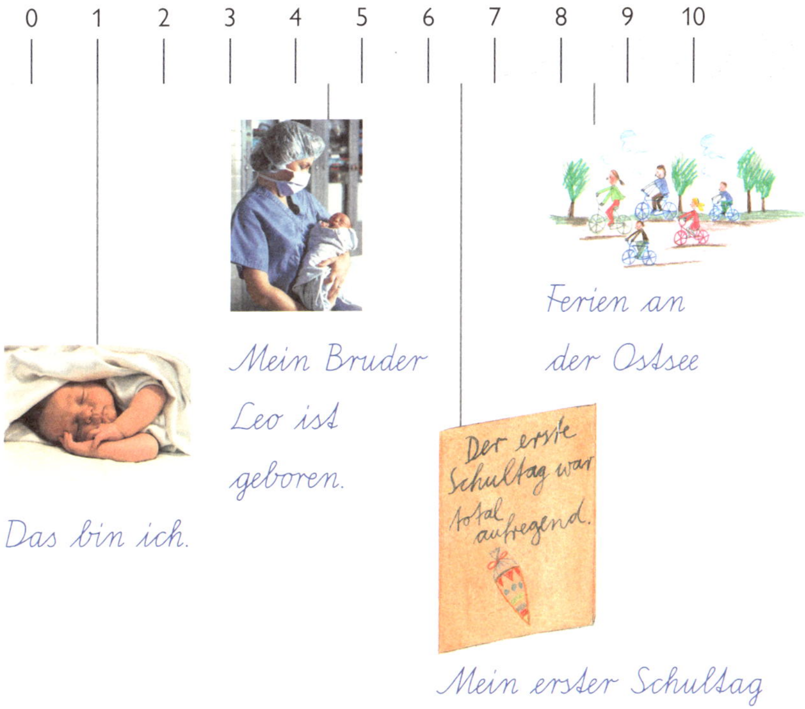

Auf einem Pfeil Zeitabschnitte durch Striche und Zahlen darstellen, den Strichen zeitliche Ereignisse in Bildern und Texten zuordnen: meine Lebensjahre, Wochentage, Geburtstage …

Ein Herbar anlegen

Sammeln

Auflegen und pressen

Aufkleben

Beschriften

Eiche
Neudorf
Park
Datum: ______________

Pflanzen oder Pflanzenteile sammeln, trocknen, aufkleben und beschriften: Blätter von Bäumen und Sträuchern, eine Pflanze vom Wegrand mit Wurzeln, eine Blüte …

Beobachten und dokumentieren

Ich beobachte Kresse beim Keimen und Wachsen:

- Ich notiere die Beobachtungstage.
- Ich schreibe auf, was ich mache und beobachte.

1. Tag: die braunen Kressesamen auf nassem Küchenkrepp ausgestreut und feucht gehalten

3. Tag: Samen quellen auf, erste kleine Laubblättchen sprießen, wieder angefeuchtet

5. Tag: viele kleine Laubblättchen, Kresse wächst, wieder angefeuchtet

7. Tag: Die Kresse kann geerntet werden.

Etwas, das sich bewegt oder verändert, eine Zeit lang immer wieder ansehen, das Entdeckte zeichnen, fotografieren oder aufschreiben: wie Kresse keimt, wie ein Haus gebaut wird …

Eine Tabelle anlegen

So kann eine Wettertabelle aussehen:

Jede Tabelle hat eine Überschrift.

Wetterbeobachtung: Woche vom ____________ bis ____________

Uhrzeit ____________

Zeile →

Spalte ↓

Tag	Mo	Di	Mi	Do	Fr	Sa	So
Datum			4.7.				
Bewölkung							
Niederschlag							
Temperatur			22 °C				

Ich überlege:

- Wie heißt die Überschrift?
- Was will ich eintragen?
- Wie viele Zeilen und Spalten brauche ich dafür?
- Wie viel Platz brauchen die Ergebnisse?

Texte oder Zahlen zu einem Thema zusammenstellen, übersichtlich in Zeilen und Spalten ordnen: eine Wettertabelle, einen Stundenplan, ein Versuchsergebnis, einen Projektplan …

Eine Erklärung finden

Ich möchte etwas wissen oder richtig verstehen.

Ich finde Erklärungen in Büchern, im Internet, in Filmen, in Zeitungen … Oder ich frage Erwachsene.

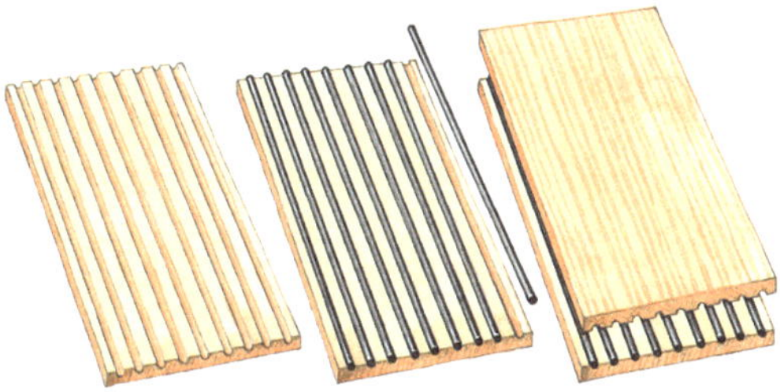

In kleine Holzbretter werden 9 Rillen gefräst, in jede kommt eine Mine. Darauf werden gleiche Bretter geleimt, mit den Rillen nach unten.

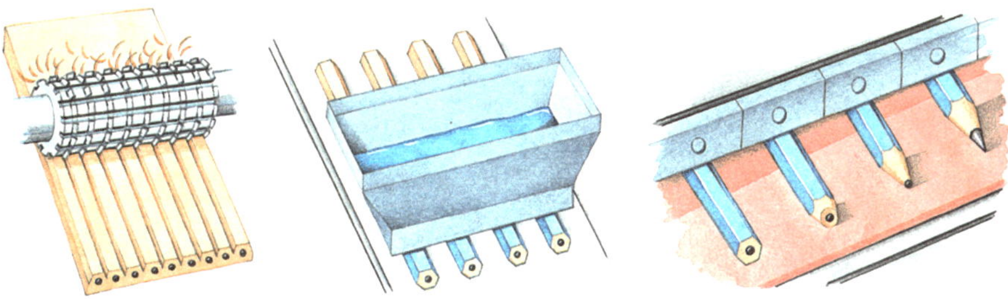

Aus jedem Brettchen werden 9 Stiftformen ausgefräst und dann abgetrennt. Nach dem Lackieren spitzt eine Maschine die Stifte an.

Sich in Büchern, im Internet oder bei Experten informieren, um eine Sache besser zu verstehen: Wie die Mine in den Bleistift kommt, warum das Jahr 12 Monate hat …

Vergleichen

So vergleiche ich zwei Thermometer:

Ich betrachte
ein Bade-Thermometer
und beschreibe es.

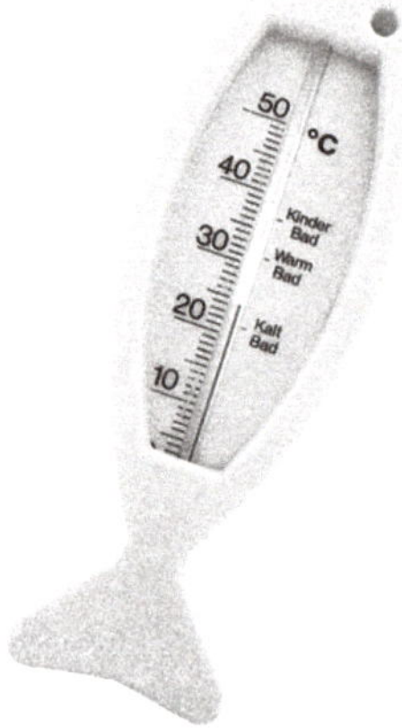

Ich betrachte
ein Zimmer-Thermometer
und beschreibe es.

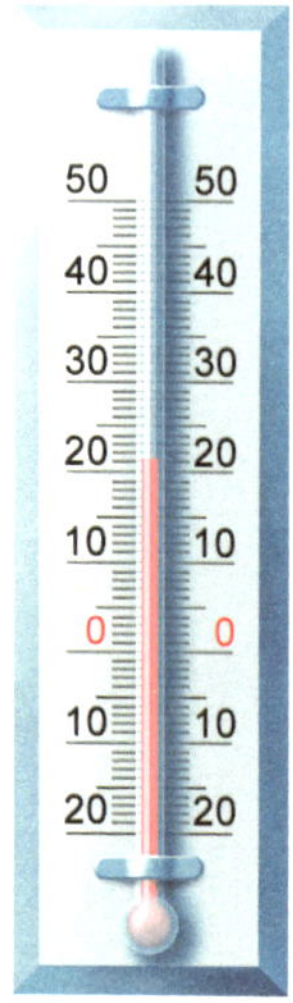

Ich finde heraus:

- Was ist gleich?
  Beide Thermometer haben eine Temperaturskala.

- Was ist unterschiedlich?

Unterschiedlich	Bade-Thermometer	Zimmer-Thermometer
die Skala	von 0 °C bis 50 °C	von – 20 °C bis 50 °C
das Material	Plastik	lackiertes Holz
die Form	Fisch	Viereck

Bei zwei oder mehreren Personen oder Sachen Gemeinsamkeiten und Unterschiede feststellen: das Aussehen von Thermometern, die Formen und Farben von Früchten …

Eine Pflanze bestimmen

Ich sehe die Pflanze an:

Die Blüten sind weißrosa,
in der Mitte gelb.
Die Stiele haben keine Blätter,
unten wachsen viele Blätter
wie eine Rosette.

Ich schaue in ein Bestimmungsbuch:

Ich vergleiche meine Pflanze mit den Bildern im Buch.

Ich entdecke eine ähnliche Pflanze.
Ich vergleiche einzelne Teile:

- die Blüte
- ein Blatt, mehrere Blätter
- die Wurzel.

Ich lese den Text:

- Die Merkmale stimmen überein:
  Meine Pflanze heißt
  Gänseblümchen.

Eine Pflanze betrachten, Merkmale mit Zeichnungen, Fotos, Beschreibungen in Bestimmungsbüchern vergleichen, wiedererkennen, die Pflanze benennen: Gänseblümchen …

Einen Steckbrief erstellen

Ich überlege, was wichtig ist: Name, Aussehen …
Ich lese zum Thema in Büchern, schaue ins Internet
oder frage nach.
Ich schreibe zu jedem Punkt einen kurzen Text.
Ich kann ein Bild dazu aufkleben oder malen.

Das Hausschwein

Name:	Sau (weibliches Schwein), Eber (männliches Schwein), Ferkel (Jungtier)
Aussehen:	vier kurze Beine, rundlicher Körper, großer Kopf mit Rüssel, Schlappohren, oft geringelter Schwanz
Verhalten:	neugierig, wühlt und suhlt gern, lebt gern gesellig, kann gut riechen und hören
Fortpflanzung:	Sau kann zweimal im Jahr etwa 6 bis 12 Ferkel bekommen, säugt die Ferkel in den ersten Wochen
Haltung:	in Ställen, Tiere brauchen Auslauf, Ruhestellen, Wühlboxen, Scheuerpfähle
Futter:	meist Getreide und Kraftfutter aus Mais und Soja

Einen kurzen Überblick über wichtige Merkmale, das Verhalten oder Eigenschaften von Tieren, Pflanzen, Personen oder Sachen erfassen: Hausschwein, Eiche, Lieblingsort, ich …

Einen Notizzettel schreiben

Notizen sind Gedächtnisstützen.

Ich überlege mir eine sinnvolle Reihenfolge.

Ich schreibe mit wenigen Worten auf, was wichtig ist.

Unsere Sinne – Spiele in der Klasse

Düftesammlung in Schachteln

Ich sehe was, was du nicht siehst.

Malen nach Musik

Tasten und zeichnen

Saftrâtsel

Informationen in kurzer Form auf einen Zettel schreiben oder malen: Spiele notieren, einen Vortrag gliedern, Ideen für Regentage sammeln, ein Sachbuch vorstellen …

Messen

Ich lasse meine Körpergröße messen:
An der Wand wird
eine Messleiste befestigt.
Ich stelle mich an die Messleiste.
Ein anderes Kind legt
ein Lineal auf meinen Kopf.
Dort, wo das Lineal
auf die Messleiste trifft,
wird die Größe
in Zentimetern abgelesen.

Ich messe mein Gewicht:
Ich steige auf eine
Personenwaage,
am besten morgens.
Ich lese mein Gewicht
in Kilogramm ab.

Ich kann
eine Messtabelle
führen:

Datum	Größe	Gewicht
	cm	kg

Mit Hilfe von Messgeräten verschiedene Messgrößen bestimmen: mit der Waage mein Gewicht, mit der Messlatte meine Größe, mit dem Blutdruckgerät den Blutdruck …

Ein Experiment durchführen

So gehe ich vor:	Ein Beispiel:		
1. Was will ich wissen?	Schwimmen Rosinen im Wasser? Schwimmen Rosinen in Selters?		
2. Was vermute ich als Ergebnis?	Die Rosinen schwimmen nicht.		
3. Was brauche ich zum Erkunden?	2 Trinkgläser Leitungswasser Selters 20 Rosinen	 	
4. Wie mache ich es?	10 Rosinen in Wasser geben 	10 Rosinen in Selters geben 	
5. Was beobachte ich?	Wasser 	Selters 	
6. Was habe ich herausgefunden?	Im Wasser: Die Rosinen sinken. In Selters: Die Rosinen tanzen.		
7. Wie ist das zu erklären?	Ich überlege selbst: Rosinen sind schwerer als Wasser ...		

Etwas kontrolliert ausprobieren; beobachten, was passiert: Ergebnis festhalten, auswerten: Schwimmen Rosinen in Wasser und in Selters? Welche Eigenschaften hat Luft? ...

Ein Protokoll schreiben

Frage — Schwimmen Rosinen im Wasser und in Selters?

Vermutung — Die Rosinen schwimmen nicht.

Material

20 Rosinen

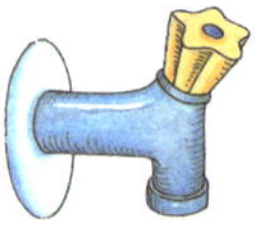

2 Trinkgläser — Leitungswasser — Selters

Durchführung

in Glas 1 Wasser und 10 Rosinen geben

in Glas 2 Selters und 10 Rosinen geben

Ergebnis — Im Wasser sinken die Rosinen auf den Boden.
In Selters tanzen die Rosinen kurze Zeit.

Erklärung — Rosinen sind schwerer als Wasser. Sie sinken zu Boden.
In der Selters sammeln sich Gasbläschen an den Rosinen und tragen diese nach oben. Dort zerplatzen die Gasbläschen, die Rosinen sinken. Sie schweben mit neuen Bläschen wieder nach oben.

Die Ausgangsfrage, das Material, den Verlauf, das Ergebnis und die Erklärungen kurz und genau festhalten, um sich auch später informieren zu können: zu Experimenten mit Wasser, Luft …

Eine Wegeskizze anfertigen

Ich sehe mich in unserer Schulumgebung genau um.

Ich zeichne eine Skizze: Wege in der Schulumgebung

So gehe ich vor:

- Ich befestige ein Blatt auf einer festen Unterlage.
- Ich zeichne auf, wie die Wege verlaufen.
- Ich beschrifte Wege und Straßen mit Namen.
- Ich male auffällige Merkmale als kleine Zeichen in die Skizze: Verkehrszeichen, Gefahrenstellen …

Wege in Umrissen aufzeichnen, dabei auch Bildzeichen nutzen: Wege in der Schulumgebung, in einem großen Gebäude, in einem Tierpark, in einem Gartenlabyrinth, in einem Ort …

Zusammenhänge herstellen

Ich finde heraus, wie Sachen oder Ereignisse miteinander verbunden sind.

Bei roter Ampel droht Gefahr. Deshalb warte ich, bis sie grün ist.

Ich rieche beißende Abgase. Weil sie meiner Gesundheit schaden, will ich hier nicht spielen.

Ich will sicher über die Straße. Wenn ich den Knopf an der Fußgängerampel berühre, dann schaltet die Ampel bald auf „Grün“.

Ich esse kein Eis auf der Straße, weil ich sonst abgelenkt bin.

Wenn ich Signale der Feuerwehr höre, dann muss ich besonders gut aufpassen.

Die Sinne gebrauchen und Beziehungen zwischen miteinander verbundenen Sachen herstellen: Signale – Verhalten im Straßenverkehr, Wetter – Kleidung, Feuer – Wärme, Licht – Schatten …

In der Schule

Gemeinsam gestalten
wir eine schöne
Schule.

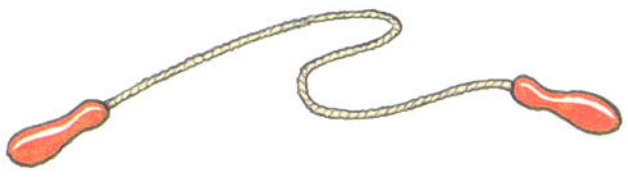

Wir spielen
zusammen.

Wir reden
miteinander.

Wir lernen
voneinander
und miteinander.

Was tun die Kinder
in der Pause?

1 So heißt meine Schule:

2 Das ist die Adresse meiner Schule:

Anregungen zur Arbeit mit dem Bild: Was tun die Kinder in der Pause? – das Bild beschreiben, über den Wechsel von Arbeitsruhe und Bewegung sprechen; die Fähigkeit des konfliktfreien Umgangs miteinander entwickeln; Was brauchen alle Kinder, um gut zu lernen und sich in der Schule wohl zu fühlen?

Wir wollen gut zusammen leben

Überall dort, wo Menschen miteinander umgehen, brauchen sie **Regeln**: in der Familie, in der Klasse, in der Schule, auf der Arbeit, beim Sport, im Straßenverkehr. Nur so können sie gut zusammen leben.

1 Wie verhalten sich Kinder oft? Sprecht darüber.

2 Wie könnt ihr in der Schule gut zusammen leben?
Findet zu den Bildern Regeln. Tragt passende Bildnummern in die Kästchen ein. Schreibt selbst noch Regeln auf.

- ☐ Ich behandle jeden freundlich und bin hilfsbereit.
- ☐ Ich tue keinem weh, auch nicht mit Worten.
- ☐ Ich nehme nichts, was mir nicht gehört.
- ☐ ______________________________
- ☐ ______________________________
- ☐ ______________________________

3 Welche Regel findest du auch für die Familie wichtig?

Über das Verhalten in Bezug auf das Zusammenleben in Familie und Schule sprechen; Rücksicht auf andere nehmen; Hilfsbereitschaft anregen und fördern; an Ehrlichkeit appellieren; Verantwortungsgefühl für Sauberkeit und Ordnung in der Schule festigen; Regeln und Bilder einander zuordnen

Wie Kinder leben und lernen

1 Lies die Texte und klebe die passenden Bilder ein.

Sophia in Ruanda

Jeden Morgen holt Sophia Wasser von der Pumpe.
Es ist schwer zu tragen, und der Weg ist weit.
Sophia, Aisha und Rosalie müssen ohne Eltern leben.
Zur Schule geht Sophia erst nachmittags.
Dann bleibt Aisha bei der kleinen Rosalie.

Seite 79

Seite 79

Ellen in Australien

Ellen lebt mit ihren Eltern
auf einer Schaffarm.
Bis zu den nächsten Nachbarn muss man
mehr als vier Stunden mit dem Auto fahren.
Unterricht hat sie zu Hause.
Die Lehrerin spricht über Funk mit ihr.
Nachmittags hilft Ellen bei
der Arbeit mit den Schafen.

2 Male und schreibe wie du lebst und lernst.

______ **in Deutschland**

3 Vergleicht: Wie lernt ihr?
Wie lernen Sophia und Ellen?

Texte lesen; ein Bild von sich selbst malen; über das eigene Leben und Lernen schreiben; Gemeinsamkeiten und Unterschiede in Lebensbedingungen erkennen; Achtung und Respekt vor anderen Lebensweisen und Werteorientierungen entwickeln; *wahlweise:* weitere Beispiele in Kinderbüchern, Zeitschriften und im Internet finden und dokumentieren

S. 8

Sich streiten und sich vertragen

1 Gibt es so einen Streit auch manchmal in eurer Klasse?
Sprecht darüber.

2 Was könnten die Kinder sagen, um sich wieder zu vertragen.
Ergänze:

_______________: Immer zwei Kinder arbeiten zusammen.
Sie wechseln sich ab und sie helfen einander.

Max: ____.

_______________: Ich zeige euch, wie man ins Internet kommt.

Anna: ____.

3 Wie könnten die Kinder ohne Streit auskommen?
Spielt es.

Bei einem Streit sollte es keine Sieger und Verlierer geben.
Alle können ruhig miteinander reden und sich wieder vertragen.

Über Streitsituationen in der Klasse sprechen; darüber nachdenken, wodurch die Streitsituation entstanden ist, wer wen behindert bzw. blockiert oder wer sich verletzt fühlt; überlegen, wie der Konflikt gelöst werden könnte; eine Strategie zur Konfliktlösung entwickeln – für die unterschiedlichen Interessen und Anliegen eine vorteilhafte Lösung suchen

Die Teile eines Baumes

1 Betrachte einen Laubbaum. Beschrifte die Teile dieses Baumes.

2 Zu welchen Bäumen gehören diese Blätter? Beschrifte.

K

L

A

Sammelt Laubblätter und legt ein Herbar an.
Nutzt die Wegweiser, Seite 4 und Seite 9.

Den Aufbau einer Pflanze (Baum) erfassen, Teile beschriften; originale Laubblätter mit Abbildungen vergleichen, Blätter wiedererkennen; an Beispielen die Vielfalt der Blattformen erkennen; *wahlweise:* Bäume in der Natur suchen, Blätter und Früchte mit Hilfe von Bestimmungsbüchern benennen, eine Sammlung anlegen, im Klassenraum ausstellen

S. 4, S. 9

Nadelbäume

Wichtige Merkmale der **Nadelbäume** sind Nadeln und Zapfen.

1 Schaut euch in der Umgebung um.
Findet heraus: Welche Nadelbäume wachsen dort?
Sammelt Zapfen und Nadeln. Untersucht sie.

Nadeln nennt man die Blätter der Nadelbäume.

Fichte sticht,  Tanne n____________. 

Kiefer sticht,  Lärche n____________. 

Die Zapfen tragen die Samen.

Fichtenzapfen zerfallen am Boden. 

Tannenzapfen zerfallen schon o____________. 

Kiefernzapfen steh'n nie allein. 

Lärchenzapfen sind rund und kl____________. 

2 Erkennst du die Nadelbäume? Klebe die Bilder richtig ein.

1 Fichte	2 Tanne	3 Lärche	4 Kiefer
Seite 79	Seite 79	Seite 79	Seite 79

Nadelbäume in der Natur betrachten, Nadeln und Zapfen sammeln, untersuchen und vergleichen, dazu Nadelformen betrachten und betasten;
Nadelbäume an ihren Nadeln und Zapfen erkennen und sie benennen

S. 7, S. 8, S. 9

Miteinander leben

Jungen und Mädchen
halten zusammen.

Manchmal streiten
wir uns, meist
vertragen wir
uns wieder.

Ich mag mich
und dich auch.

Ich lerne und
spiele gern
allein und mit
euch zusammen.

Du bist anders als ich.

Nein, ich mag nicht …

1 Ergänze diese Sätze:

Ich möchte gern einmal allein

Ich möchte gern mit anderen

Anregungen zur Arbeit mit dem Bild: Beschreiben, was die Kinder tun, das Gerangel als freudiges Ereignis bewerten, das Miteinander von Kindern verschiedener Hautfarbe erkennen, aus der Körpersprache Gefühle der Kinder ableiten: fröhlich, vertraut, zufrieden, entspannt

Mein Steckbrief

1 Male ein Bild von dir und ergänze deine Angaben.

Ich heiße: ____________________

Mein Geburtstag: ____________________

Meine Haare sind: ____________________

Meine Augenfarbe ist: ____________________

So groß bin ich: ____________________

So viel wiege ich: ____________________

Das kann ich gut: ____________________

____

Meine Hobbys: ____________________

____

2 Ergänze den Zeitstrahl. Trage wichtige Ereignisse aus deinem Leben ein: zum Beispiel Geburt.

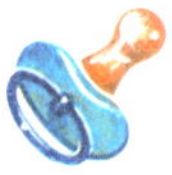

Meine Lebensjahre

Sich selbst als Individuum wahrnehmen und in einem persönlichen Steckbrief beschreiben; über Abschnitte der eigenen Entwicklung reflektieren; das eigene Ich akzeptieren und wertschätzen; einen einfachen Zeitstrahl mit den wichtigsten persönlichen Ereignissen gestalten

S. 3

Mädchen und Jungen

1 Beschrifte die Körperteile.
Vergleiche die Körper von Mädchen und Jungen.

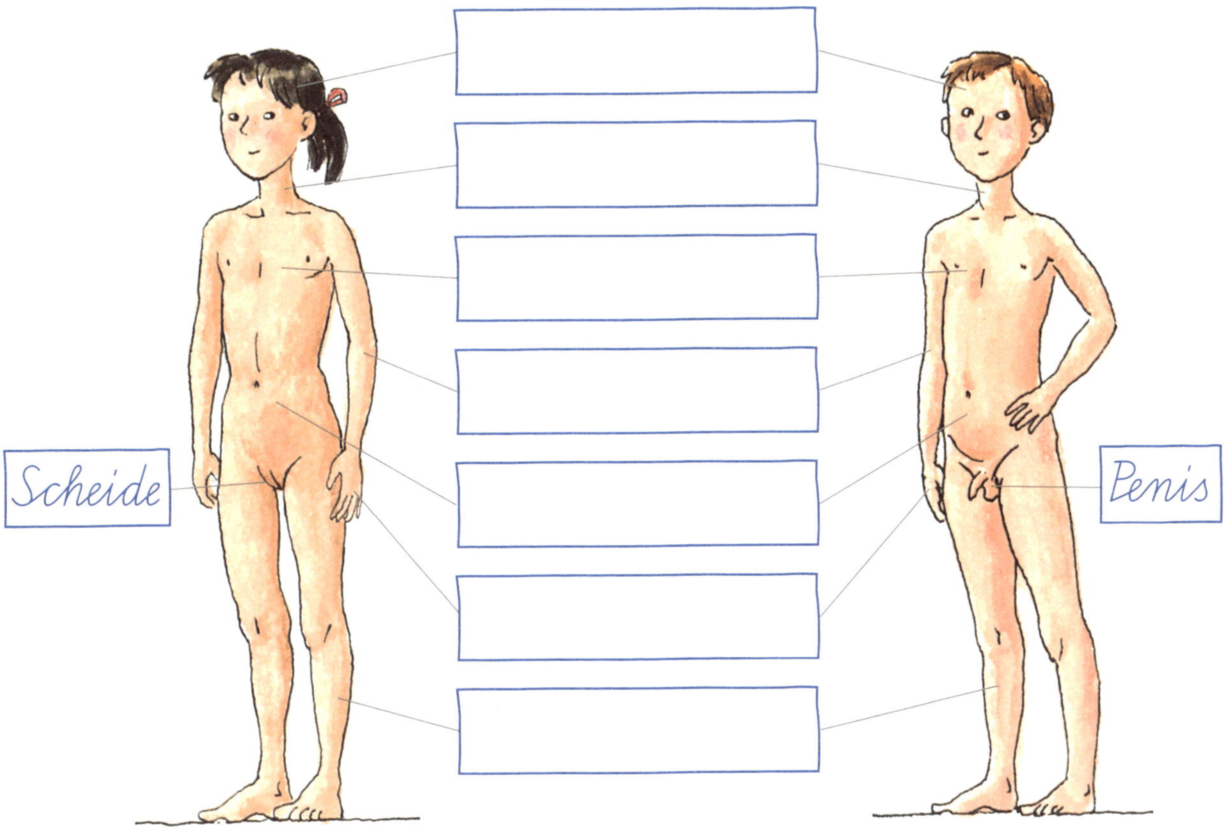

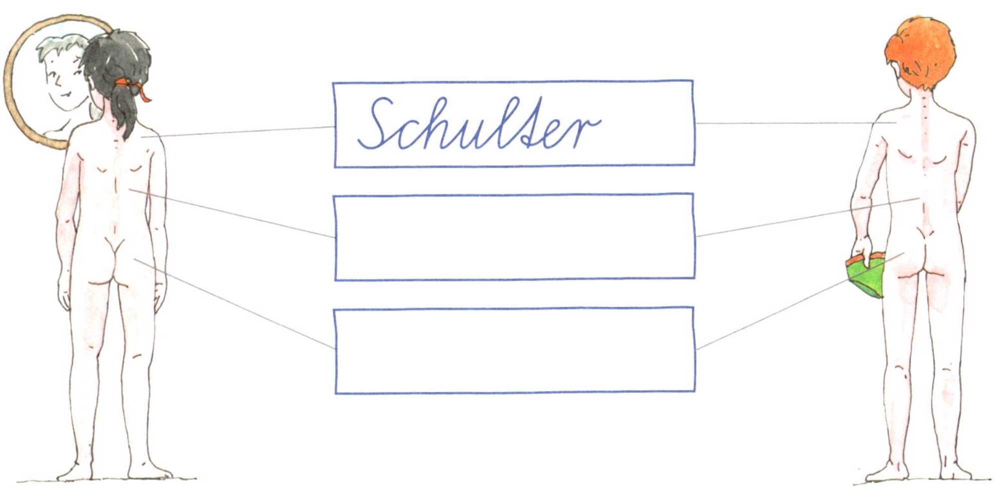

Der Körperaufbau ist bei Mädchen und Jungen fast gleich.
Ob Mädchen oder Junge – das erkennt man am Geschlechtsorgan.

Über Gefühle reden – NEIN sagen lernen

1 Betrachte die Bilder. Überlege, wie die Kinder sich fühlen.
Was würdest du mögen und auch zulassen? Rahme es **grün** ein.
Was würdest du nicht mögen und **„Nein!“** sagen?
Streiche es **rot** durch.

2 Was du selbst nicht magst, musst du deutlich sagen.

Ich will nicht, dass

3 Wem kannst du dich anvertrauen, wenn du Hilfe brauchst?

4 Übt im Rollenspiel, „Nein!“ zu sagen.

Angenehme und unangenehme Gefühle unterscheiden und darüber sprechen; über Gefahren sprechen, die von anderen Menschen ausgehen können; deutliche Worte finden, um sich zu wehren, und es im Rollenspiel üben; Personen des Vertrauens für schwierige Situationen kennen und benennen

Einkaufen lernen

1 Schau die Bilder an. Schreibe auf, wie du dich entscheiden würdest.

2 Sprecht über eure Entscheidungen.

3 Welche Sätze passen zu welchem Bild? Trage die Nummern ein.

☐ Kaufe nur das ein, was abgesprochen ist.

☐ Bio-Früchte sind gesund, aber teurer.

☐ Markenkleidung ist meist sehr teuer.

☐ Auch wenn es billig ist: Kaufe nur das, was du wirklich brauchst.

Planen und realisieren von Einkäufen; Kaufangebote beurteilen; Kriterien für Konsumentscheidungen entwickeln; sich mit Sonderangeboten auseinandersetzen (gesunde Ernährung beachten, Nützlichkeit und Mode bei Bekleidung); Umgang mit Geld; Erkundungen in Geschäften

Auch das Wünschen will gelernt sein

Wünsche können sehr verschieden sein.
Es gibt bescheidene Wünsche und solche, die oft unerfüllbar sind.
Es gibt vernünftige Wünsche, aber auch unvernünftige.
Manche kann man mit Geld erfüllen, andere nicht.

1 Sprecht über die Wünsche dieser Kinder.

2 Schreibt in der Klasse eure Wünsche einzeln auf Zettel.
Ordnet die Zettel aller Kinder auf einer Pinnwand nach:

Das kann man nicht kaufen | **Das bekommt man für Geld**

3 Besprecht die Wünsche.

4 Welche Wünsche wurden am häufigsten genannt?
Schreibt je zwei Beispiele in die Tabelle.

Das kann man nicht kaufen	Das bekommt man für Geld

Über Wünsche nachdenken; eigene Konsumbedürfnisse beschreiben und darüber sprechen: Kleidung, Spielzeug, Technik; unterscheiden zwischen notwendigen Dingen und solchen, die man gern hätte, aber nicht unbedingt braucht; besprechen wie man sich selbst und anderen Wünsche ohne Geld erfüllen kann

S. 16

Im Winter

Es ist kalt.

Abends wird es
früh dunkel.

Manchmal liegt
Schnee.

Die Laubbäume
haben keine
Blätter.

Vorsicht
vor der dünnen
Eisdecke des Sees!

Wir feiern
schöne Feste:
Advent, …

1 Was beobachtest du im Winter noch? Schreibe es auf.

Anregungen zur Arbeit mit dem Bild: Winteratmosphäre erkennen, Laubbäume ohne Laub, Schneedecke, See teilweise gefroren; Wasservögel, die im Winter offene Gewässer aufsuchen; Fragen ableiten: Warum frieren Enten nicht im kalten Wasser? Woraus besteht Schnee oder die Eisdecke des Sees?

S. 7

Vorsicht – dunkel, glatt und neblig!

1 Betrachte die Bilder. Wie schützt du dich? Schreibe es auf.

Weil es ______________ ist,

schütze ich mich ______________

2 Zwölf Figuren sind im Straßenverkehr unterwegs.
Trage die Buchstaben ein.

Die habe ich deutlich gesehen:	Die habe ich nicht deutlich gesehen:

Berichtet von euren Erfahrungen im Straßenverkehr bei Winterwetter.

In der kalten Jahreszeit

1 Erzähle zu den Bildern. Finde Bildunterschriften.

2 Lies den Merksatz und nenne einige Beispiele.

Menschen, Pflanzen und Tiere stellen sich auf das kalte winterliche Wetter ein.

3 Sammle Winterbilder und Naturmaterialien.
Gestalte damit ein Plakat. Präsentiere dein Plakat in der Klasse.

Meteorologische Zuordnung der Monate zur Jahreszeit Winter festigen; erkennen der typischen jahreszeitlichen Veränderungen: Schnee, Eis, kahle Bäume, Eichhörnchen unterbricht zeitweise Winterruhe; zu den Bildern erzählen, kurze Texte schreiben; selbst ein Winterplakat anfertigen und es präsentieren

Wir beobachten Vögel in der Schulumgebung

1 Ergänzt die Namen der Vögel.

S

AMSEL

Z

STAR

S

ELSTER

S

TAUBE

S

BUCHFINK

S

GIMPEL

S

SPECHT

Z

SCHWALBE

2 Kreuzt die Vögel an, die ihr im Winter beobachtet habt.

3 Woran könnt ihr die Vögel unterscheiden?

Merkmale: Standvögel sind das ganze J. zu beob

Sie fressen Samen u können keine Insekten

einige stellen sich auch im Winter um

4 Beobachtet einen Vogel. Schreibt seinen Namen auf.
Informiert euch über ihn. Malt oder schreibt:

Name des Vogels:

Das macht er:

Das frisst er:

So sieht sein Schnabel aus:

Vogelbeobachtungen im jahreszeitlichen Wechsel fortsetzen;
im Winter Artenkenntnisse von Standvögeln erweitern, typische Merkmale benennen;
Verhalten/Lebensweise eines Vogels beobachten, dokumentieren und auswerten

S. 16

Wie ist das Feuer?

1 Feuer kann nützlich und gefährlich sein.
Umrahme grün: nützlich, rot: gefährlich.

Bei einem Brand entsteht giftiger Rauch.

In meiner Laterne leuchtet ein Feuer.

Feuer ist heiß. Man kann sich verbrennen.

Mutti kocht mit Feuer.

Feuer ist schnell und versperrt bei einem Brand Fluchtwege.

Feuer im Kamin wärmt das Zimmer.

Es brennt –
Was können Kinder tun?

- Erwachsene rufen
- weg vom Feuer
- raus aus dem Rauch
- eventuell selbst Alarm auslösen

Notruf: ______________

- auf Feuerwehrleute warten und sich dort melden

2 Die Menschen nutzen das Feuer
zum Heizen H, zum Beleuchten B, zum Kochen K.
Trage die passenden Buchstaben in die Kästchen ein.

3 Besprecht, wie die Menschen das Feuer nutzen.

Weihnachten bei uns und anderswo

1 Betrachte die Bilder und male sie farbig aus.

2 Welche Texte und Bilder passen zusammen?
Schreibe die richtigen Zahlen in die Kästchen.

☐ In Deutschland kommt der Weihnachtsmann am 24. Dezember.
Wer sein Geschenk haben will, singt ein Lied oder sagt ein Gedicht auf.

☐ In Italien wirft am 6. Januar die Fee Befana die Geschenke
durch den Schornstein.

☐ Die Kinder in Russland tanzen am 1. Januar mit Väterchen Frost
um die große Jolka-Tanne.

☐ In Großbritannien hängen die Kinder ihre Strümpfe an den Kamin.
Diese füllt Santa Claus in der Nacht vom 24. zum 25. Dezember.

3 Vergleicht die Feste.

4 Feierst du zu Hause Weihnachten? Erzähle davon.

Multikulturelle Ausdrucksformen – hier für das Weihnachtsfest – kennenlernen; über Weihnachtsbräuche in verschiedenen Ländern sprechen; Bilder ausmalen, Texte lesen und den Bildern zuordnen; von eigenen Weihnachtsbräuchen in der Familie erzählen

Was mir gut tut

Ich achte auf meine Gesundheit:

Ich ernähre mich gesund und abwechslungsreich.

Ich trinke täglich ausreichend.

Ich bewege mich viel an frischer Luft.

Ich wasche mich täglich kalt und warm.

Ich treibe Sport.

1 Schreibe auf, was dir gut tut.

Kinder beim Picknick beschreiben, Nahrungsmittel erkennen; erfassen, dass frische Luft und gesunde Ernährung zum Wohlbefi nden der Kinder beitragen; sich durch das Bild anregen lassen, selbst ein Picknick im Freien zu veranstalten; Ideen entwickeln, wie und wo das Picknick stattfi nden könnte

Wir ernähren uns gesund

1 Lest die Übersicht.

2 Wie helfen uns diese Lebensmittel, gesund zu bleiben? Fragt dazu Erwachsene oder lest nach.

3 Ergänzt die Übersicht.

Kartoffeln sind gesund, denn sie sind nahrhaft. Wir brauchen sie, damit wir wachsen können.

Äpfel sind gesund, denn der Fruchtzucker spendet viel Kraft.

Früchtetee ist gesund, denn er löscht den Durst. Er ersetzt im Körper Wasser, das wir ausscheiden.

Fisch ist gesund, denn das durch Eiweiß bekommen wir Muskeln.

Milch ist gesund, denn das Kalzium ist wichtig für unsere Knochen.

4 Präsentiert eure Ergebnisse in der Klasse. Sprecht darüber.

Besprechen, dass jeder täglich verschiedene Lebensmittel essen und Getränke trinken sollte, die der Körper braucht (zum Wachsen, um Kraft zu bekommen, als Durstlöscher …); Ergebnisse präsentieren und auswerten

Ich pflege meinen Körper

1 Beratet, was zur Körperpflege gehört. Schreibt es auf. Ergänzt:
A einmal pro Woche B einmal täglich C mehrmals täglich

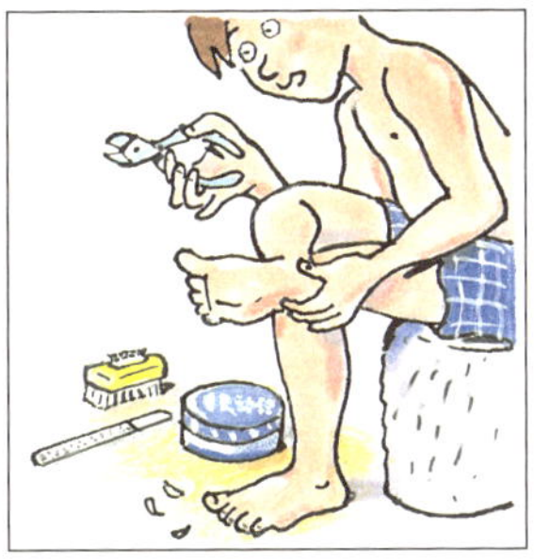

☐ Nägel schneiden	☐ Körper	☐ Z	☐ H

2 Begründe, warum du deinen Körper pflegst.
Rahme grün ein, was du wichtig findest. Ergänze.

1 Ich will nicht krank werden. 	2 Ich möchte gut riechen. 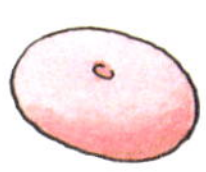	3 Ich will gesunde Zähne haben. 	4 Ich finde schmutzige Nägel eklig. 
5 Ich will mich abhärten, um gesund zu bleiben. 	6 Ich will schönes Haar haben. 	7 Ich will, dass meine Haut weich ist. 	8 Ich will mich wohl fühlen. 
9	10	11	12

Ich pflege meinen Körper, damit ______________________

____

Körperpflege als tägliches bzw. regelmäßiges Ritual besprechen, zunehmend die Verantwortung für sich selbst erfassen; Körperpflege als Gesundheits- und Wohlfühlfaktor erkennen; Zusammenhänge zwischen Körperhygiene und Gesundheit verstehen; *wahlweise:* Körperpflegemittel für Kinder anschauen und Qualität bewerten

Das tut meinen Zähnen gut

Morgens, abends, nach jedem Essen,

Zähneputzen ______________________________ !

1 So ist das Zähneputzen richtig. Probiere es aus. Ergänze.

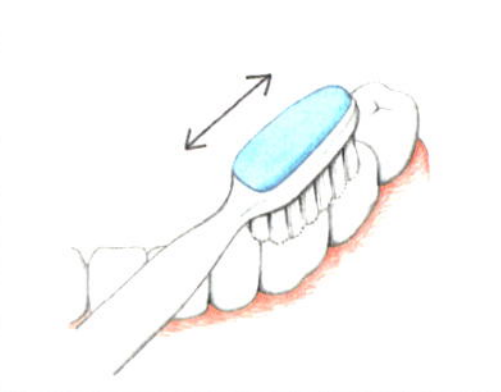	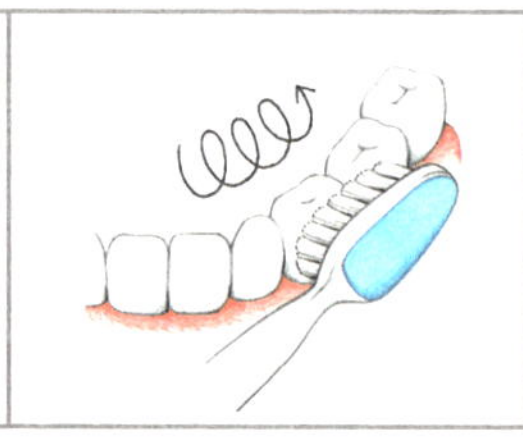	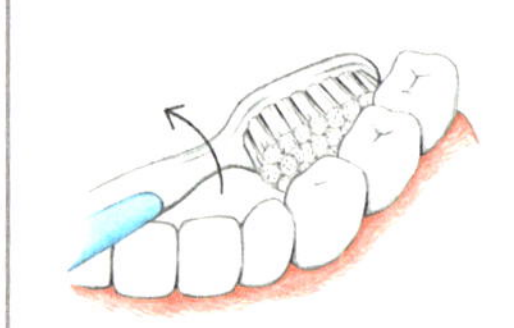	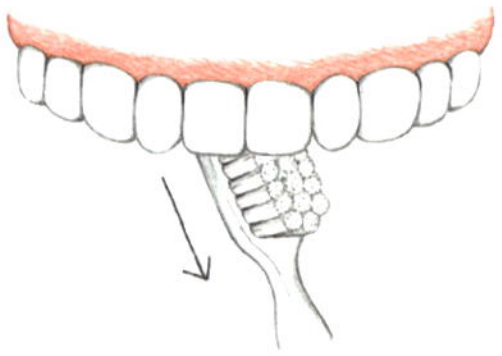
Ich putze im Unterkiefer			Ich putze im Oberkiefer
zuerst die **K**auflächen hin und h__________,	dann die **A**ußenseiten von rot nach w__________,	danach die **I**nnenseiten von rot nach w__________.	Ich beginne oben und putze nach der **KAI-Methode**.

2 Informiert euch, was noch zur Zahnpflege gehört. Tragt es ein.

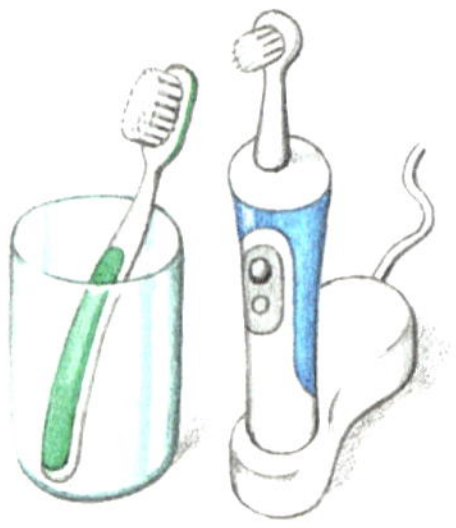

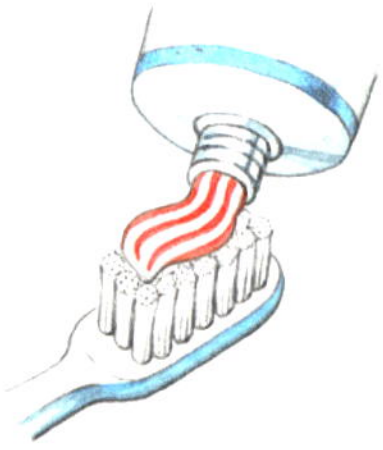

Zahnp__________ härtet den Zahnschmelz und schützt die Zähne.

Die Zahnbürste rei__________, trocknen und alle ______ Monate wechseln.

Putze die Zähne ______ Minuten.

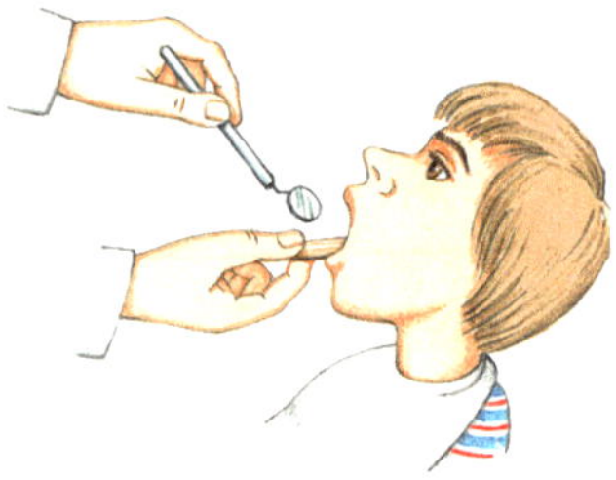

Der Zahnarzt untersucht Z__________ und Zahnfleisch ________ mal im Jahr.

Das richtige Zähneputzen mit Hilfe der Bilder ausprobieren und durch den Merksatz und die KAI-Methode als Gedächtnisstütze festigen; sich informieren und erkennen: wozu Zahnputz-Hilfsmittel nützlich sind, wie Zahnbürsten gepflegt und wie oft sie gewechselt werden müssen, warum regelmäßige Zahnarztkontrollen nötig sind

Meine Gesundheitssäulen

1 Was kannst du für deine Gesundheit tun?
Gestalte dazu ein Blatt und baue daraus eine „Gesundheitssäule“.
Beispiele: sich gesund ernähren – sich viel bewegen – sich pflegen

Du brauchst:

1
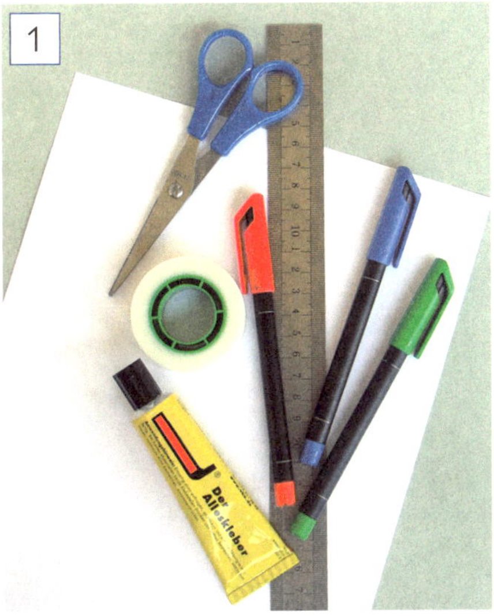

Male, schreibe und klebe auf das Zeichenblatt.

2

Klebe das Blatt zusammen.

3

Stellt alle Säulen im Klassenzimmer auf.

4

2 Schaut euch alle Gesundheitssäulen an.
Findet Tipps für eure Gesundheit und schreibt sie auf:

Eigene Ideen zur Gesundheitsvorsorge kreativ auf einer Papiersäule umsetzen und damit visualisieren; alle Säulen im Klassenraum ausstellen und vorstellen, dabei Vorschläge anderer für eigenes gesundheitliches Verhalten annehmen; zunehmend Verantwortung für sich selbst erkennen und wahrnehmen

Was kannst du mit deinen fünf Sinnen tun?

Sehen , **hören** 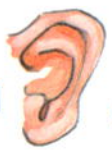, **schmecken** , **fühlen** , **riechen** 

1 Mit den ____________ kannst du sehen.

Aus welcher Entfernung kannst du die Schrift dieser Seite lesen?

1 m ☐ 2 m ☐ ______ ☐

2 Mit den ____________ kannst du hören.

Erkennst du mit geschlossenen Augen die Stimmen deiner Mitschüler? Schließe die Augen. Drei Kinder sagen nacheinander den gleichen Satz.

Ich habe ☐ Kinder an der Stimme erkannt.

3 Mit der ____________ kannst du schmecken.

Kannst du mit geschlossenen Augen ein Stück Apfel von einem Stück Birne unterscheiden?

ja ☐ nein ☐

4 Mit der Haut kannst du fühlen. Deine Finger erkennen im Dunkeln Stifte, Bananen, Seife, Kaninchen und fast alles, was du anfasst und kennst. Was erkennt deine Haut auf dem Rücken?
Malt euch gegenseitig drei Zahlen, drei Buchstaben und drei kleine Wörter auf den Rücken. So viel habe ich erkannt:

Zahlen ☐ Buchstaben ☐ Wörter ☐

5 Mit der ____________ kannst du riechen.

Erfinde einen Test für deine Nase.

Mit Tieren leben

Überall auf der Welt gibt es Tiere, einige haben die Menschen zu ihren Haustieren gemacht.

Haustiere werden von den Menschen gehalten und gepflegt, um sie zu nutzen.

Tiere können Freunde und Helfer sein.

Bei einem Besuch im Zoo oder Tiergarten könnt ihr Tiere anderer Länder sehen.

1 Erforscht, wie der Tag einer Katze verläuft. Haltet einen Vortrag.

2 Welche Tiere sind deine Lieblingstiere?

Anregungen zur Arbeit mit dem Bild: Körperbau, Fellfärbung und Körperhaltung der Katze beschreiben; auswerten, was die Katze macht; Kind spielt mit Katze, dieses Spiel mit bewegten Gegenständen dient dem Erlernen eines erfolgreichen Jagens

Tiere zu Hause

1 Welches Heimtier möchtest du gern zu Hause halten?
Gestalte zu deinem Wunschtier einen Steckbrief.
Nutze die Seite 10 im Wegweiser.

Name: ______________________________ So sieht es aus:

Aussehen: ______________________________

____

Verhalten: ______________________________

____

Haltung: ______________________________

____

Pflege: ______________________________

Futter: ______________________________

Tiere sind kein Spielzeug: Sie wollen geachtet, versorgt und gepflegt werden. Das ist oft eine Aufgabe für viele Jahre.

2 Berate in der Familie: Was ist zu bedenken, bevor ein Haustier angeschafft wird?

Wer versorgt

Wo

Über die Wünsche der Kinder nach einem Tier sprechen; sich über Heimtiere in Sachbüchern oder in anderen Medien informieren, zu einem Heimtier einen Steckbrief gestalten; Verantwortung für Tiere und Folgen von Vernachlässigung erkennen

S. 10

Wie Mensch und Hund sich verstehen

Die Vorfahren aller Hunde waren Wölfe. Wölfe leben meist in Rudeln. Die Tiere des Rudels ordnen sich einem „Leitwolf“ unter und zeigen es – durch ihre Körperhaltung, ihr Bellen, Knurren, Heulen …
Schon vor langer Zeit zähmten die Menschen junge Wölfe. Sie wurden die ersten Haustiere.
Hunde leben mit Menschen wie in einem „Rudel“. Sie sind anhänglich und treu. Mit ihrer „Sprache“ zeigen sie uns, was sie wollen und fühlen.

Wer richtig mit Hunden umgehen will, muss ihre „Sprache“ verstehen. Hunde bellen, knurren, fletschen die Zähne und „sprechen“ mit dem Körper.

1 Vermutet: Was will dieser Hund zeigen?
Verbindet Bilder und Texte mit Linien.

Ich möchte spielen.

Ich ergebe mich.

Ich habe Angst.

Ich bin aufmerksam.

2 Hunde können sehr gut hören, riechen, jagen und wachen. Deshalb sind sie wichtige Helfer des Menschen. Beschreibe Beispiele:

Das Verhältnis von Mensch und Tier (Hund) besprechen, Verhalten eines Hundes am Beispiel der Abstammung und der Körpersprache erklären, eigene Erfahrungen einbeziehen; den Hund als Helfer des Menschen vorstellen; Gefahren durch Hunde benennen, über den Umgang mit Hunden sprechen

Tiere im Zoo

Ein Zootier mit …

1 Welche Zootiere erkennt ihr? Erzählt dazu.

2 Male einige Zootiere in die Kästchen.

3 Stelle ein Zootier in einem Steckbrief vor.

Name: ____________________

Aussehen: ____________________

Verbreitung: ____________________

Nahrung: ____________________

Pflege: ____________________

____

4 Berichte von eigenen Erlebnissen im Zoo.
Zeige Fotos oder selbst gemalte Bilder.

Einen fiktiven Zoobesuch unternehmen, dabei Zootiere erkennen und mit ihren typischen Merkmalen malen; zu einem Zootier einen Steckbrief schreiben; von eigenen Erlebnissen im Zoo berichten

S. 10

Tiere auf dem Bauernhof

Auf einem Bauernhof könnt ihr entdecken,
wie unterschiedlich sich Haustiere verhalten.
Pferde brauchen Auslauf, Schweine wühlen gern im Boden,
Hühner scharren viel und ruhen gern auf einer Stange.
Damit sich die Tiere wohl fühlen, müssen die Bauern
ihre Lebensweise kennen und bei der Tierhaltung beachten.

1 Beobachtet ein Haushuhn oder betrachtet die Bilder.
Findet heraus, was ein Huhn braucht.

2 Beobachtet, wie Hausschweine leben.
Informiert euch darüber. Ergänzt die Übersicht.

Seite 79

Schweine brauchen Auslauf.

Sie *bew*__________ sich gern,

sind reinlich und neugierig.

Sie *wü*__________ gern im Schlamm.

Seite 79

*Sch*__________ brauchen gutes

*F*__________: Raufutter

wie Stroh, Heu oder frisches Gras
und zusätzlich Kraftfutter.

Seite 79

Im Stall liegt Stroh. Darin können
die Sauen wühlen und ein Nest für ihre

*F*__________ bauen.

Die *F*__________ spielen mit Stroh.

Seite 79

Schweine brauchen saubere Ställe.
Diese sind regelmäßig zu

*re*__________.

Erkennen, dass unsere Haustiere ein natürliches Verhalten und Bedürfnisse haben, die bei der Tierhaltung berücksichtigt werden müssen; aus Bildern ableiten, was zur Hühnerhaltung notwendig ist; Schweinehaltung mit Hilfe von Fotos und Text dokumentieren

S. 7

Hausrind und Haushuhn

1 Rind und Huhn kannst du leicht unterscheiden.
Male die Bilder aus. Bezeichne die Körperteile richtig.

E Euter F Flügel H Hinterbeine H Hörner K Kopf M Maul
H Hufe K Krallenfüße R Rumpf S Schnabel S Schwanz
V Vorderbeine

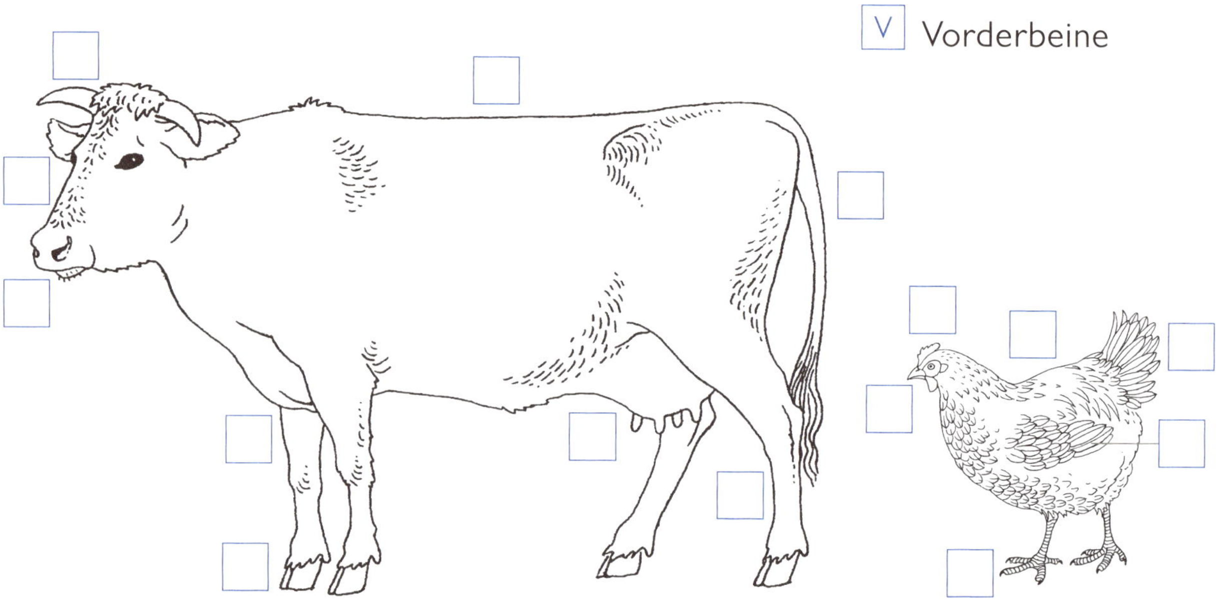

2 Beschreibt den Körperbau von Rind und Huhn.

3 Vergleicht die beiden Tiere. Ergänzt: Was ist gleich?

Was ist unterschiedlich?

Das **Hausrind** hat ____________	Das **Haushuhn** hat ____________
____________	____________
____________	____________
Das Hausrind ist ein **Säugetier**.	Das Haushuhn ist ein ____________.

Zwei Vertreter der Haustiere unterscheiden, Körpermerkmale benennen, Tiere vergleichen; Gemeinsamkeiten und Unterschiede benennen; Hausrind als Säugetier und Haushuhn mit entsprechenden Merkmalen erkennen; *wahlweise:* Steckbriefe zu Hausrind und Haushuhn gestalten

S. 8, S.

Oliver befragt seine Oma über Schreibgeräte

Oliver Oma, wann bist du in die Schule gekommen?

Oma Am 1. September 1949.

Oliver Womit hast du in der ersten Klasse geschrieben?

Oma Am Anfang mit einem Griffel auf einer Schiefertafel.

Oliver Und wie lange ging das so?

Oma Nicht sehr lange. Dann bekamen wir ein Heft mit Doppellinien. Da hinein schrieben wir mit Bleistift. Ich durfte dann bald mit Tinte schreiben.

Oliver Mit einem Füller?

Oma Nein, mit einem Federhalter aus Holz. Vorn war eine kleine Stahlfeder. Diese Feder musste man immer wieder in ein Tintenfass tauchen. Nicht zu tief, sonst wurden auch die Finger blau. Am schlimmsten aber waren die Kleckse im Heft!

Oliver Und warum kannst du jetzt viel besser schreiben als ich?

Oma Ich habe ja schließlich 60 Jahre üben können.

Schreibgeräte von Olivers Oma	Meine Schreibgeräte

Schreibe hier eine Frage auf, die du deinen Großeltern über ihre Schulzeit stellen möchtest.

Anregung für selbstständige Befragung von Zeitzeugen zu ihren Schreibwerkzeugen in der 1. und 2. Klasse; unterschiedliche Schreibwerkzeuge von damals und heute entdecken, benennen und in einer Tabelle notieren; Fragen für ein Interview zur Schulzeit der Großeltern formulieren, auch zu Schulregeln; Vergangenes mit Gegenwärtigem vergleichen

Spuren der Vergangenheit

1 Wie könnt ihr Spuren der Vergangenheit in eurem Ort finden? Beratet und schreibt es auf:

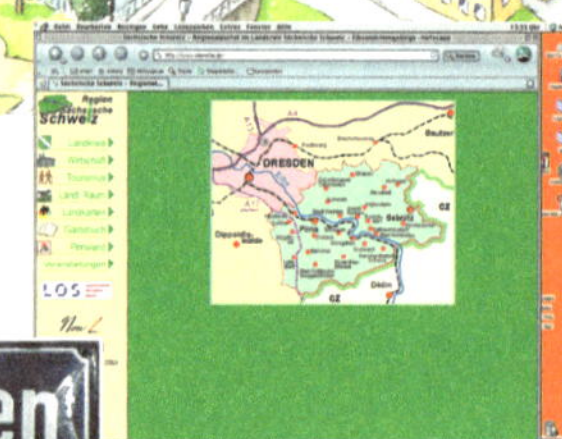

ein Denkmal betrachten, ______________________

____

____

____

2 Auf Straßenschildern oder im Ortsplan findet ihr Straßennamen. Erforscht den Namen einer Straße.

Die Straße heißt: ______________________

Aus dieser Zeit kommt der Name: ______________________

Die Straße heißt so, weil ______________________

______________________.

★ Bringe einen Schatz aus deiner Vergangenheit mit und lege ihn in eine Schatzkiste in der Klasse. Erzähle dazu im Morgenkreis.

Möglichkeiten kennenlernen, Spuren der Vergangenheit im Ort aufzuspüren, darunter auch Medien; nach der Herkunft eines Straßennamens im Heimatort forschen und Ergebnisse dokumentieren; *wahlweise:* zurückliegende Ereignisse als nahe Vergangenheit begreifen und durch eigene Erfahrungen verdeutlichen

Im Sommer

Die Sonne strahlt. Es ist heiß.

Gewitterwolken ziehen auf.

Die jungen Störche
lernen fliegen.

Der Weizen
wird geerntet.

Wir haben Ferien.
Wir gehen schwimmen.

Die Lindenblüten duften.

Nachts jagen die Fledermäuse
Fliegen und Nachtfalter.

Was blüht auf der Wiese?

1 Was möchtest du in den Ferien am liebsten tun?

Anregungen zur Arbeit mit dem Bild: Erkennen, dass auf der Wiese viel Löwenzahn (auch Butterblume genannt) wächst; beschreiben, was die Kinder auf der Wiese tun (übernehmen die Rolle des Windes, der sonst Früchte und Samen der Butterblume verbreitet, der mit Früchten besetzte Kopf des Blütenstandes heißt Pusteblume)

Sonnenlicht und Schatten

Trifft Sonnenlicht auf einen Gegenstand, entsteht hinter ihm ein Schatten.

1 Vervollständige die Bilder.

Von welcher Sonne kommt das Licht? Male sie aus.

Zeichne den Schatten der Vogelscheuche ins Bild.

2 Erkundet abwechselnd: Stelle dich morgens, mittags und abends immer an derselben Stelle in die Sonne. Das andere Kind misst deine Schattenlänge. Füllt die Tabelle aus. Versucht das Ergebnis zu erklären.

Datum	Schattenlänge
Uhr	
Uhr	
Uhr	

3 Baut eine Sonnenuhr auf dem Schulhof.

1. Stellt einen Blumentopf auf.
2. Steckt einen Stab hinein.
3. Malt jede Stunde einen Strich an die Spitze des Schattens.
4. Schreibt die Uhrzeit neben dem Strich auf.

Zusammenhang von Licht und Schatten herstellen; Wahrnehmungsübungen: erkennen, dass Schatten morgens und abends am längsten sind; beobachten, dass die Sonne von Ost nach West zu wandern scheint und mit ihr der Schatten; eine Sonnenuhr bauen und deren Funktion erkunden; *wahlweise:* eigene Sonnenuhren entwerfen und bauen

S. 16

Geräusche erzeugen

1 Denkt euch eine eigene spannende oder lustige Geschichte aus, in der viele Geräusche vorkommen.

2 Sammelt Materialien, mit denen ihr die Geräusche erzeugen könnt. Baut euch auch eine Flaschenorgel. Verwendet sie in der Geschichte.

Das braucht ihr:

So wird es gemacht:

- Färbe das Wasser ein, bis der Wasserstand deutlich zu sehen ist.
- Fülle in die Flaschen unterschiedlich viel Wasser ein.
- Klopfe mit dem Holzstab an die Flaschen.

3 Präsentiert die Geräusche-Geschichte.

4 Welche Geräusche waren angenehm, welche unangenehm?

Erleben, dass man mit verschiedenen Materialien Geräusche erzeugen kann, die eine unterschiedliche Qualität besitzen, angenehm und unangenehm sein können; eine Geschichte erfinden, in der Geräusche erzeugt und identifiziert werden; tiefe und hohe Töne der Flaschenorgel erkennen

S. 13

Wer braucht Wasser?

1 Schaut euch diese Pinnwand an. Erzählt, wer Wasser braucht.

2 Gestaltet selbst eine Pinnwand zum Thema: Wer braucht Wasser? Ihr könnt Bilder malen und Texte schreiben. Nutzt auch Fotos, Prospekte, Zeitungsausschnitte oder andere Medien.

3 Begründet, warum Wasser ein kostbarer Schatz ist.

Erkennen, dass Menschen, Tiere und Pflanzen Wasser zum Leben brauchen; zu Beispielen auf dem Bild erzählen; eine Pinnwand zum Thema Wasser gestalten und eigene Erfahrungen verarbeiten; zusammenfassend Wasser als kostbares Gut darstellen

S. 16

Leben im und am Teich

Viele Tiere und Pflanzen leben im und am Wasser.
Manche können ohne Wasser nicht leben!

1 Ente

2 Wasserfrosch

3 Molch

4 Karpfen

5 Libelle

A Rohrkolben

B Wasserlinse

C Seerose

D Schwertlilie

1 Findet die Tiere und Pflanzen auf dem Teichbild.
Setzt Nummern und Buchstaben an die richtigen Stellen.

2 Male ein Tier und eine Pflanze auf ein Zeichenblatt.
Schreibe dazu: Warum brauchen sie Wasser zum Leben?

Vielfalt des pflanzlichen und tierischen Lebens an einem ausgewählten Biotop kennenlernen;
Tiere und Pflanzen im und am Teich erkennen, benennen und auf dem Teichbild finden;
weitere Tiere und Pflanzen anhand von Bildern bestimmen

S. 9

Schwimmen oder sinken?

1 Überlegt und erzählt zum Bild.

Warum ist Anna mit dem Dino im Wasser?

Warum liegt die Taucherbrille auf dem Grund?

Warum schwimmt die Ente?

2 Welche Gegenstände schwimmen, welche sinken? Probiert es aus.

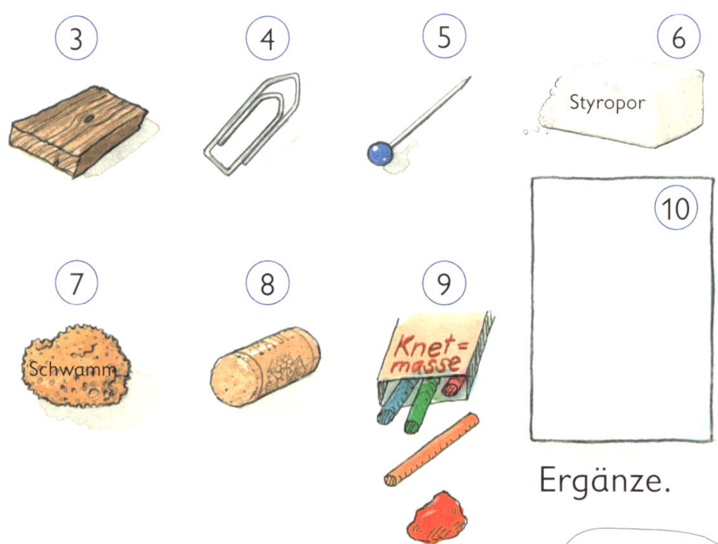

Ergänze.

3 Tragt die Nummern der Gegenstände in die Tabelle ein.

	1	3	6	8	10
	2	4	5	7	9

Wasser als Erholungsraum und vielfältige Sinneswahrnehmungen beim Aufenthalt im Wasser beschreiben; das Schwimmen und Sinken von Gegenständen beobachten und dokumentieren; Experiment mit Knetmasse: Kann Plastilin schwimmen? Plastilin durch Verformen zum Schwimmen bringen

S. 13

Flechten

1 Lies den Text. Unterstreiche:
grün: geflochtene Gegenstände
rot: Werkzeuge des Korbmachers

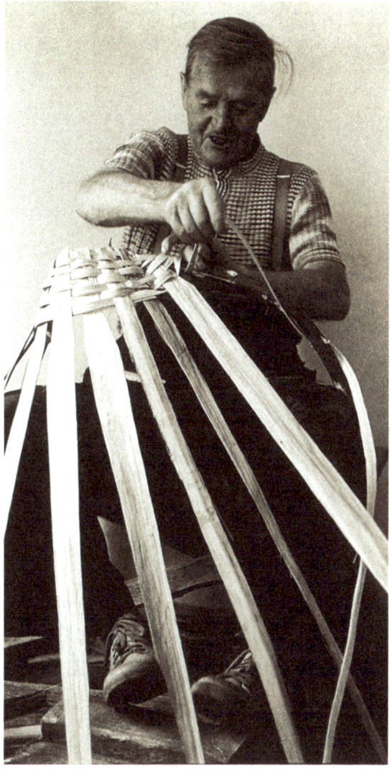

Das Flechten ist ein sehr altes Handwerk. Schon vor langer Zeit wurden aus Blättern, Baumrinde und

Gräsern Matten und Körbe geflochten. Später wurden aus Weidenzweigen, Holzspänen oder Schilfrohr auch Zäune, Wände, Möbel und Transportbehälter hergestellt. Der Korbflechter braucht Werkzeuge, wie scharfe Messer, Zangen, Klopfeisen, Ringe und Klemmen.

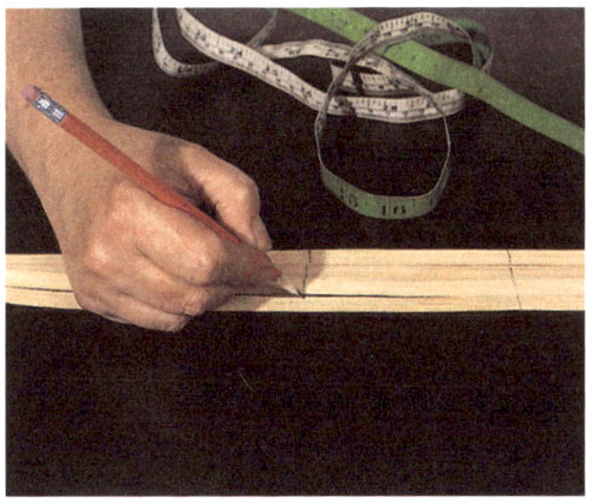

Die Spanlänge wird abgemessen und angezeichnet.

Die ersten Späne werden miteinander verflochten.

Das Flechtwerk wird nach dem Muster weitergeführt.

1 Du kannst mit Papier ein Lesezeichen flechten.

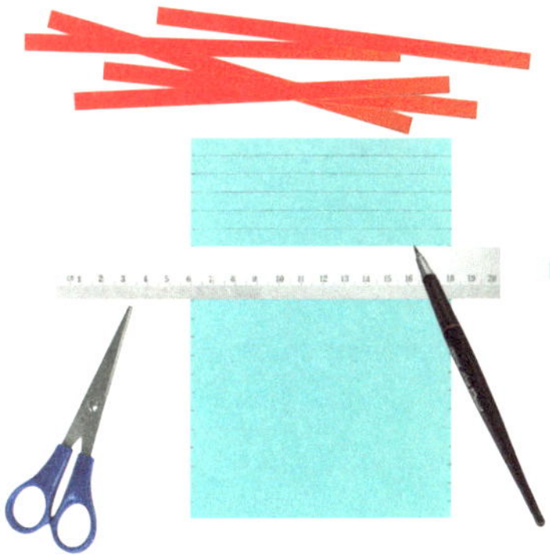

Material für das Lesezeichen

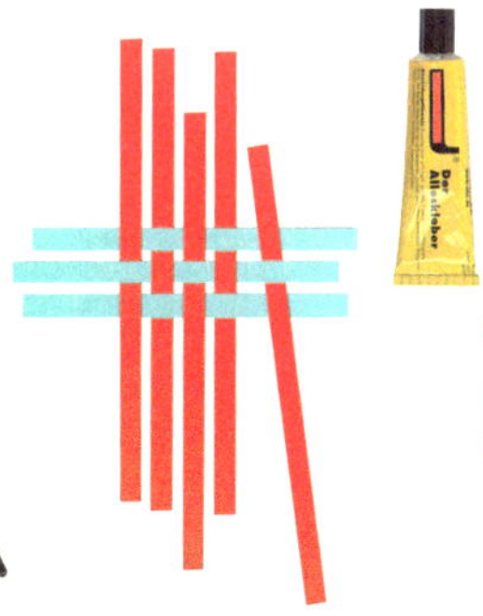

Mit den Streifen flechten

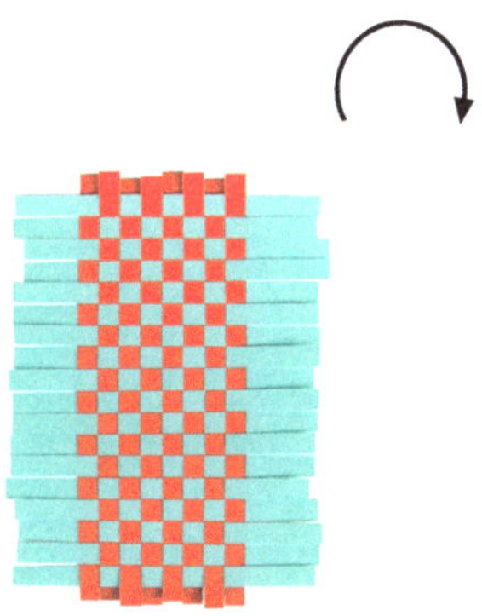

Das Flechtwerk aufkleben

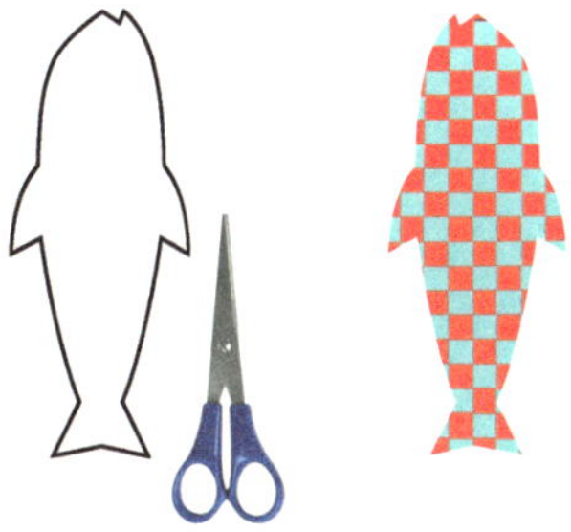

Auf die Rückseite eine Form zeichnen und ausschneiden

Ein altes Handwerk, das es heute nur noch selten gibt, kennenlernen;
Arbeitsgänge und einzelne Werkzeuge des Korbflechters (Zunftzeichen: Messer, Klopfeisen, Biegeeisen) erkunden;
das Flechten üben (Lesezeichen), dabei mit Werkzeug sachgerecht umgehen; *wahlweise:* Körper flechten

Ein einfacher Stromkreis

1 Betrachtet das Bild. Es zeigt einen einfachen Stromkreis.

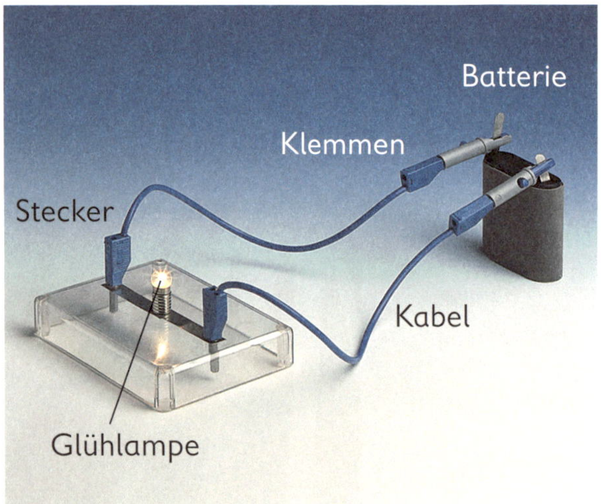

Hier leuchtet ein Lämpchen. Warum? Woher kommt der Strom?

2 Besorgt euch Material und baut einen Stromkreis in ein selbst gebasteltes Fahrzeug.

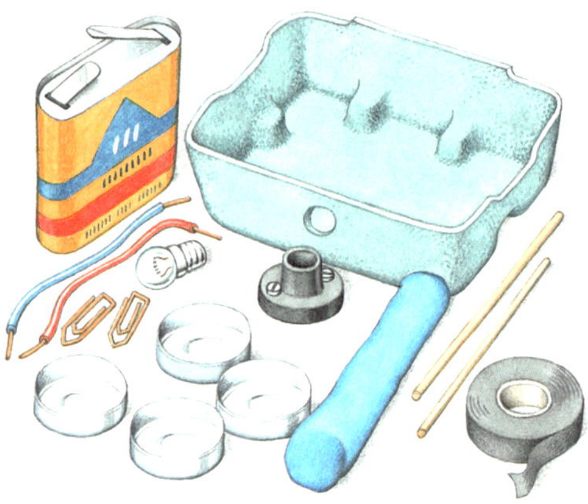

Den Schaltplan eines Stromkreises kann man mit **Schaltzeichen** darstellen.

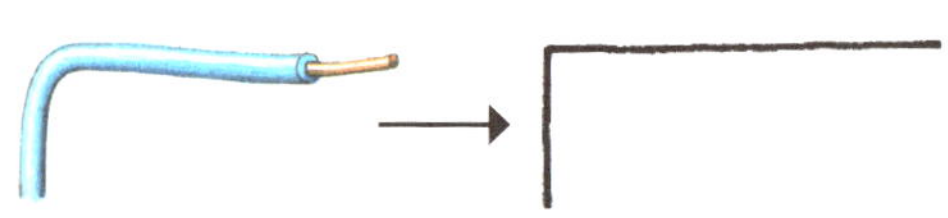

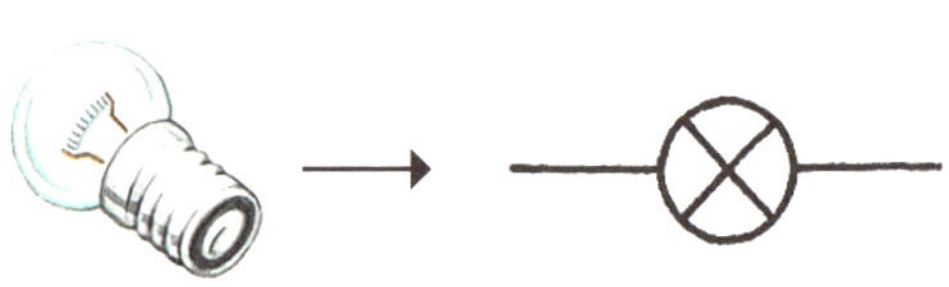

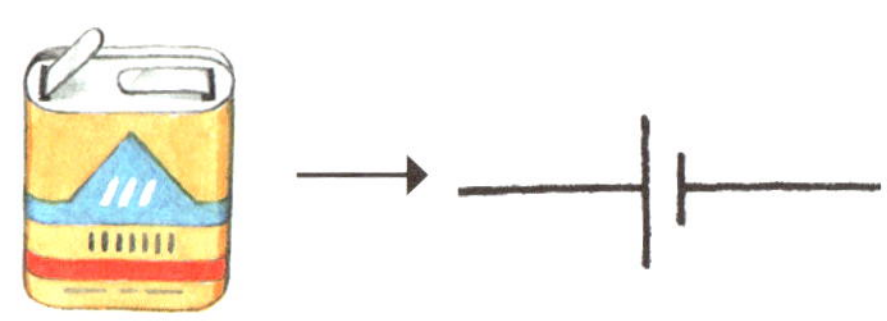

3 Zeichne den Schaltplan eines einfachen Stromkreises. Zeichne ihn auf ein anderes Blatt.

Teile eines einfachen Stromkreises benennen können, erklären, woher der Strom kommt; einen Stromkreis bauen, die Schaltzeichen kennenlernen und einen Schaltplan zum eigenen Versuchsaufbau skizzieren; *wahlweise:* eine Beleuchtung mit Schalter bauen

Was Wind und Wasser können

Windmühlen und Wasserräder gehören zu den ältesten „Maschinen“, mit denen die Menschen die Kraft von Wind und Wasser nutzen.

1 Ergänze. Erzähle zu den Bildern.

Wind-

Wasser-

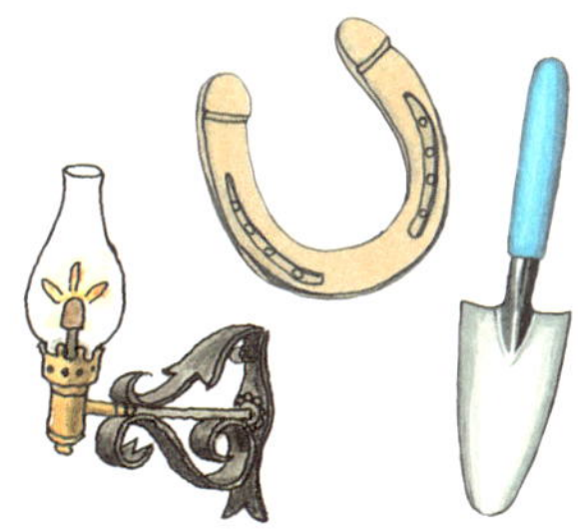

2 Die Kraft von Wind und Wasser wird auch heute vielfältig genutzt. Forscht zu den Bildern. Befragt auch Erwachsene und erzählt dazu.

Windp

Wasserkraftwerk

Erkennen, dass Wind und Wasser erneuerbare Naturkräfte sind, deren Kraft schon früher genutzt wurde und in Zukunft noch stärker technisch genutzt werden muss, um Energie für verschiedene Zwecke zu gewinnen

Was Magnete können

1 Probiert aus und kreuzt an:
Welche Gegenstände werden von Magneten angezogen?

2 Hier wirken Magnete. Frage Erwachsene oder finde selbst ein Beispiel. Beschrifte.

Die Magnetschwebebahn schwebt durch magnetische Kräfte an eisernen Fahrschienen entlang.

3 Wo findest du Magnete in eurer Wohnung? Schreibe oder zeichne.

Die Wirkung eines Magneten ausprobieren; Gespräch: Welche Stoffe sind magnetisch, welche sind nicht magnetisch?; an Beispielen aus der Technik den Einsatz von Magneten kennenlernen, Beispiele beschreiben; Magnete in der eigenen Wohnung finden, ihre Funktion benennen

S. 13

Die Monate des Jahres

1 Betrachtet die Kalender.
Welchen Zeitraum zeigen die Kalenderblätter an?
Einen Tag [T], eine Woche [W], einen Monat [M], ein Jahr [J].
Tragt die passenden Buchstaben in die Kästchen ein.

2 Stellt euch Fragen zu Kalendern:
Wie viele Monate hat das Jahr? ______
Wie viele Tage haben die Monate? ______ …

So heißen die 12 Monate.

3 Gestaltet selbst Kalender.

Eine Hecke in den Jahreszeiten

1 Unterstreiche die Namen von Pflanzen und Tieren mit zwei verschiedenen Farben.

2 Schreibe über jeden Abschnitt die passende Jahreszeit.

3 Erzähle über das Leben in der Hecke.

Frühling

Im Gebüsch blühen die Frühblüher. Die Neuntöter nisten. Das Weibchen brütet, das Männchen jagt Insekten. Im Mai blühen die Heckenrosen. Dann finden hier Käfer und Schmetterlinge ihre Nahrung.

Winter

Die Hecke ist mit Schnee bedeckt. Eine Amsel pickt an einer Hagebutte. Im Reisighaufen hält ein Igel Winterschlaf. An den Zweigen der Sträucher sind die Knospen der Blätter und Blüten zu sehen.

Herbst

Die Früchte der Heckenrose, die Hagebutten, sind reif. Füchse, Mäuse und Vögel fressen die Hagebutten gern. Das Laub wird bunt und fällt herab. Unter der Hecke wachsen Pilze. Spinnenfäden wehen durch die Luft.

Sommer

Die Sträucher haben viele Blätter. Unter der Hecke blühen Kräuter. Hier verstecken sich Maus und Igel. Ameisen krabbeln herum. Junge Vögel versuchen zu fliegen. Eine Spinne wartet im Netz auf Beute.

4 Markiere an den Bildchen, in welchem Abschnitt die Tiere genannt sind:

- Frühling (gelb)
- Sommer (rot)
- Herbst (braun)
- Winter (lila)

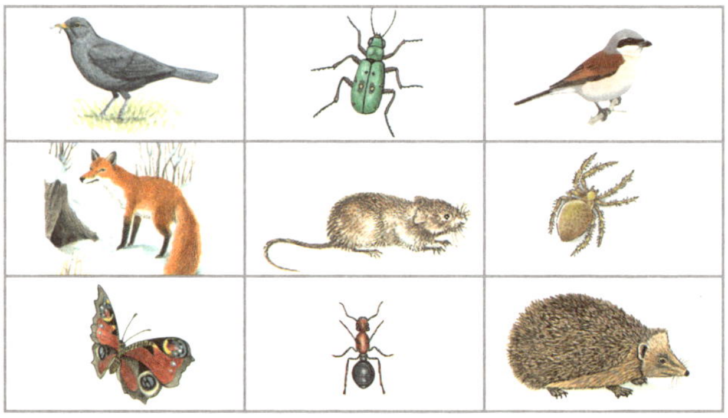

Die Vielfalt pflanzlichen und tierischen Lebens im jahreszeitlichen Wechsel im Biotop Hecke kennenlernen; Überschriften finden, aus Texten Tiernamen entnehmen und diese jahreszeitlich zuordnen; das Leben in einer Hecke beobachten und dokumentieren

S. 16

Seite 5

Seite 8

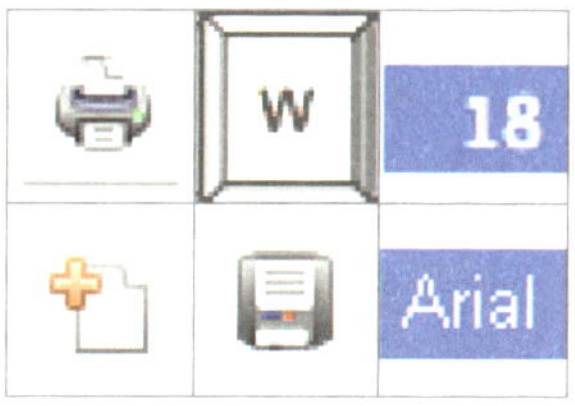

Seite 16

2. 3. 1. 5. 4.

Seite 41

Seite 47

Bild- und Fotonachweis

3 Helga Golz, Zühlsdorf; 8 Peter Schnädelbach, Münster (o.); 9 Cornelsen Verlagsarchiv; 11 WILDLIFE/K. Volkmar; 14 Hans Blümel (o.); Archiv Hoyer/Erich Hoyer, Galenbek (M.o.); Cornelsen Verlagsarchiv (M.u.); H. Lehr (u.); 17 Aus: Ich entdecke meine Welt, ©1998 by Ravensburger Buchverlag Otto Maier GmbH, Ravensburg; by Two-Can Publishing Ltd.; 23 picture-alliance/OKAPIA/Hans Reinhard; 24 argus, Hartmut Schwarzbach (u.); picture-alliance/ZB-Fotoreport/Peter Förster (M.); Tobias Schneider, Berlin (o.); 25 Cornelsen Verlagsarchiv (u.l.); Corel Library (u.r.); Rainer J. Fischer, Berlin (o.); 29 picture-alliance/dpa/Roland Weihrauch; 33 Rainer J. Fischer, Berlin; 35 www.imkereizentrum.at/; 36 WILDLIFE/D. Harms; 39 Cornelsen Verlagsarchiv (M.l.); Harald Lange, NaturBild, Bad Lausick (l., r.); Reinhard Tierfoto, Heiligkreuzsteinach (M.r.); 41 Paul Trötschel, Heeslingen; 42 Harald Lange, NaturBild, Bad Lausick (u.M.l., u.M.r.); Manfred Pforr, Langenpreising (o.l., o.M.l., l., u.l., u.r.); picture-alliance/ZB (o.M.l.); 43 Philip Ostertag, Dannewerk; 45 Aus: Ein Herz für Tiere. Gong-Verlag, München: Peither (M.r.); dpa/ Peter Förster (u.r.); Helga Lade, Berliner Fotoagentur: Binder (M.l.); Renee Lynn (o.); ullstein bild, Frank G. Quade (u.l.); 49 picture-alliance/ZB/ Matthias Hiekel; 50 Rainer J. Fischer, Berlin; 52 Rainer J. Fischer, Berlin (o.l., o.r., M.); Fotoagentur VISUM, Hamburg (o.M.); Marek Lange, Berlin (u.); 56 Klaus Fischer, Berlin (o.): Vivantes Netzwerk für Gesundheit GmbH/Pressebild (M.); picture-alliance/ZB/Nestor Bachmann (u.); 59 picture-alliance/ dpa/Rainer Jensen; 62 Detlef Machmüller, Berlin; 64 version/H. Sachs, Köln (u.M.r.); Frank Ihlow, Berlin (u.l.); Museum für Post und Kommunikation, Berlin (u.M.); Cornelsen Verlagsarchiv (o.r.); akg-images, Berlin (u.M.l.); Maria Otte (o.l.); 65 Corel Library; 69 Hans Blümel, Mücka (C); Cornelsen Verlagsarchiv (3); Corel Library (1); Harald Lange, NaturBild, Bad Lausick (4, A); Horst Theuerkauf, Gotha (2); Cornelsen Verlagsarchiv (5); www.naturfoto.cz/Jiri Bohdal (D); 73 Stöckle, Frieder/Bauer, Roland (Fotos): Vom Korbmacher – wo flinke Hände flechten und formen; Stuttgart: Franckh'sche Verlagsbuchhandlung 1989 (o.); Sudduth, Bille Ruth: Korb-Design, Inspirationen und Projekte; Bern, Stuttgart, Wien: Verlag Paul Haupt 2001 (Fotos: Robert Chiarito, Melva Calder (M.); Tobias Schneider, Berlin (u.); 74 Rainer J. Fischer, Berlin; 75 akg-images, Berlin (o.l., M.l.); W. Hoffmann (o.r.); T. Bruk (M.r.); Rainer Weisflog (u.l.); VEAG (u.M.l.); Corel Library (u.M.r., u.r.); 76 argus/Peter Frischmuth (l.); Fotofinder/artvertise fotodesign (r.); 78 Bezirksstelle für Naturschutz und Landschaftspflege, Stuttgart; 79 Aus: GEOlino. Das Erlebnisheft. Nr.1, Januar 2005. Hamburg: Gruner und Jahr. (o.l.); Aus: GEOlino. Das Erlebnisheft. Nr.6, Juni 2004. Hamburg: Gruner und Jahr, Foto: Penny Tweedie/Panos Pictures (o.r.); G. Rößler (M.1); Horst Theuerkauf, Gotha (M.2); WILDLIFE/Mertiny (M.3); H. Reinhard (M.4); Fotolia/Evgeni Hecht (u.r.); juniors bildarchiv, Ruhpolding (u.l.); Marek Lange, Berlin (u.M.r.); Reinhard Tierfoto (u.M.l.)

Wegweiser-Heft

3 Bavaria Gauting/O'Brien&Mayor (r.); Isabell Cooley, Sedona, USA (l.); 4 Reinhard-Tierfoto, Heiligkreuzsteinach; 5 Claudia Rosenthal, Berlin (o.l.); Wikipedia/GNU/Tilman Kluge (u.r.); www.heilkraeuter.de (o.r., u.l.); 9 Harald Lange, NaturBild, Bad Lausick; 10 juniors bildarchiv, Ruhpolding

Wir danken allen Rechteinhabern für die Druckerlaubnis. Da es uns leider nicht möglich war, alle Rechteinhaber zu ermitteln, bitten wir, sich gegebenenfalls an den Verlag zu wenden.